LES VIEILLES DAMES ET LES LOISIRS

DU MÊME AUTEUR

Aux Éditions Denoël

Les vieilles dames
Toutes les vieilles dames
Encore les vieilles dames
Toujours les vieilles dames
Les vieilles dames et les hommes
Adam et Ève (et Caïn)
La nature des choses
Y'a qu'à
Les gros soucis
Fais-moi peur
Allons-y à pied
Entrée libre
En plongée
Objectif mars
Pouce !
Ouf
Ayayaïe !
C'est reparti
Tiens, c'est plus Valéry !
L'état de grince
Les soldés de l'an deux
Sans filet !
Le temps se couvre
Papiers s'il vous plaît !
Y'a un truc !
Ohé ! du bateau !

Aux Éditions Calmann-Lévy

Romans :
Allez vous rhabiller
Ni d'Ève, ni d'Adam
Rue Panse-Bougre
Au lapin d'Austerlitz
Albina et la bicyclette
Oublie-moi Mandoline
Albina roule en tête

Aux Éditions Stock

L'œil à la main

Aux Éditions Fayard

Paraboles et Fariboles

JACQUES FAIZANT

LES VIEILLES DAMES ET LES LOISIRS

DENOËL

ISBN : 2.207.21792.2

le jeu

— *Ramené à un sou les mille points, ça va nous faire un bon caramel chacune !*

— *Oh ! l'amour, qui a vu que sa Mémère allait perdre.*

CASINO

— Faites vos jeux, marquez vos jeux
Un million sur le 6
Rien ne va plus Le 5 ! Rouge, impair et manque !

— *Elle n'est pas foncièrement méchante, mais elle est un peu mauvaise joueuse !*

— *C'est à qui le tour de tricher aujourd'hui ?*

— *Elle s'en va toujours quand ça devient amusant !*

télévision

— Ou le programme se trompe ou l'orchestre Lamoureux n'est plus ce qu'il était !...

— *Tous les ans à Noël je lui autorise une petite débauche !*

— *Va te coucher ! Si le film est interdit aux enfants, c'est pas pour des prunes !*

— *La vie des animaux.*

— *Les westerns ! Les westerns ! Il n'y a pas que ça dans la vie, les westerns !*

— ...*Bref ! La télévision, c'est la mort de la conversation !*

— C'est toujours pareil. Eux, ils ont 8 speakerines et nous, on a quoi ?... Guy Lux !

— On n'aurait pas Zitrone, tiens, la vie ne vaudrait pas d'être vécue !

campagne

— Tiens ! C'est pas au bord de la mer qu'ils ont des ablettes comme ça !

— Ça m'apprendra, tiens ! Au lieu de rester tranquillement à tricoter !

— Et puis vous aurez une grosse crise d'urticaire et ce sera bien fait !

— *Non, d'abord l'épuisette !*

— *Oh ! Tiens ! Je crois bien que je vais dire des vers !*

— *Ah ! Voici les rabatteuses !*

— Tu ne m'as tout de même pas fait faire 30 km à tombeau ouvert pour venir ici dormir sur l'herbe !

— *Il a pris un garde-pêche comme ça !*

— Voilà déjà le jamb

ɔur les œufs durs, il va peut-être y avoir un peu d'attente.

— Encore une chance que la pluie n'ait commencé qu'après le déjeuner !

— Tais-toi, va ! Ne te mets pas dans un mauvais cas ! Il est plus bête que méchant !

— Quand on achète un panier à pique-nique on le prend différent du panier à linge sale !

— *Cette idée d'emporter une glace à la vanille !*

— On donne un nom anglais à la fin de la semaine, et on s'étonne qu'il pleuve !

— *L'orchidée est rare, on dirait, dans ce coin-ci !*

— *Et vous, vous la faites, la taille ?*

JACQUES FAIZANT

— *Bon ! Procédons p*

dre ! Il est bien quelque part ce fameux gicleur !

— Oh ! Regarde l'oiseau !

— *Ça y est... Elle a vu une fourmi !*

— On a beau dire et beau faire, les tiges des fleurs raccourcissent d'année en année !

— Comme on est en Bourgogne, je t'ai fait le sandwich gastronomique !

— *Vous allez voir ! La chlorophylle, ça lui fait un effet terrible !*

— Puisqu'il vous dit que vous vous y prenez mal ! Il a le Mérite agricole, vous savez !

— Cette année, pour changer des Tuileries, si on passait nos vacances au Parc Montsouris ?

— *Voyons... Tes gouttes, mes cachets, tes pilules, ma potion, et nos biscottes, je n'ai rien oublié !*

— Pensez s'il a été content de ses vacances ! Lui qui ne s'intéresse qu'aux escargots !

— Comme je dis toujours : même s'il ne trouve jamais de pétrole, ça l'occupe !

— Vous m'avez fait peur ! J'ai cru

c'était le garde-champêtre.

— Quand je pense que toute seule elle n'a jamais dépassé le 60 !

— *Voyez vous-même : « Association des Demoiselles végétariennes » !*

plage

— *Décidément, je n'aime pas ce maillot, on va te prendre pour un maître nageur !*

— *Je saurais l'anglais, tiens... J'essaierais de traverser la Manche à la nage !*

— *Un costume tout neuf !*

— *Eh !... On n'est plus à l'hôtel... C'est pas l'ascenseur, ça !*

— Sans légende.

— *Rentrons, le temps se couvre !*

— Adèle, un homme à la mer !

— *Voulez-vous que je vous dise ?... Nous sommes nées trop tôt !*

— A partir de quelle taille on peut dire qu'on a pêché un thon

JACQUES FAIZANT

— Oh ! oh ! j'entends des sirènes. Ça, c'est un début d'alerte !

— Eh bien ! Ne reste pas là ! Demande-leur si tu peux jouer avec eux !

— Bon ! Alors si vous n'avez pas à la camomille, donnez-m'en 3 au café décaféiné.

— Je vous dirais : le crawl, je comprendrais !
Mais il me semble que la brasse papillon...

— *Fais attention à ne pas le placer sur l'orbite de quelqu'un !*

— *Toi qui as été commandant de Chasseurs, dis-lui de venir ici !*

— *Pensez ! Après tout un an dans un 2 pièces sur cour !*

— *Au prix ou est la pension, j'aime mieux appeler cela des embruns*

JACQUES FAIZANT

le sport

— Moi je n'invente pas ! Je vous dis ce que disent les cartes : vous serez champion du Monde des mi-lourds !

— Quand on est jeune, c'est pour la vie.

— *Bien sûr ! Mais si tu continues à te doper, tu deviendras idiot avant l'âge !...*

— *Pour un week-end qui commence mal, c'est un week-end qui commence mal !...*

— *Qu'est-ce que vous avez besoin, aussi, de monter les cols avec un 54 × 14 !*

— Il y a des regrets qu'on traîne, comme ça, toute sa vie !

— *Alors, les croûlants !*

— Lui ? Oh ! Depuis que le Tour est fini, il erre dans la maison comme une âme en peine !

— Tu vieillis !

— *Baissez la tête, Jean, que nous ayons l'air de coureurs.*

— Allez-y ! Allez-y ! De toute façon on ne respirera pas tout à nous deux !

— On bavarde, on parle de catch, je lui expliquais justement ce qu'est une manchette.

— *Le pauvre chat ! Personne ne veut jamais jouer au rugby avec lui.*

— *Et alors ? Il y a une loi contre ?*

— *... Et pourquoi il y a que vous qui auriez le droit de faire du sport, l'hiver ?*

— Si on ne se tue pas, qu'est-ce qu'on va avoir à raconter aux copines !

— La piste olympique, s'il vous plaît ?

— *Attention ! Pour le freinage ! Prêt !*

— *En tout cas maintenant, je vois enfin à quoi servent ces satanés bâtons !*

— Demain on boira des whiskies, et on descendra ça !

— C'est comme pour les chaussettes ! Si on n'était pas là pour s'occuper

eurs affaires !

— Mon mari m'a confisqué mon vélo de course. Il dit que ce n'est plus de mon âge !

— *Sa joie, c'est quand on lui crie : Vas-y Pélissier !*

arts

— Les voilà qui dorment, maintenant ! Ah ! on leur en fichera,

recht !

— Et celle-ci qui est en train de me faire un Mathieu !...

— *Quelle locomotive ?*

— Non !... Ce n'est pas « La sublimation sidérale d'un concept ludique transcendé par la visualisation d'un devenir quotidien », c'est un jambon fumé et une paire d'andouillettes !

— *... Et penser que, sans l'art abstrait, je n'aurais jamais connu la joie de peindre*

— *N'y touche plus, c'est parfait !*

— Je dis simplement que pour arriver à faire « boum boum » avec un triangle il faut y mettre une énorme mauvaise volonté !

— Si c'est seulement pour ennuyer les voisins, je vous conseille plutôt le clairon.

— *Vous avez « Mammy Blues » enregistré par Caruso ?*

— Ah ! Bach ! Beethoven ! Le divin Mozart !
Qu'est-ce que vous avez de nouveau d'Aznavour ?

JACQUES FAIZANT

— *C'est Beethoven, qui dit qu'il apprécierait si tu voulais bien te consacrer à Scotto.*

— *Tu jouerais de la guitare, comme tout le monde, ça ferait tout de même moins de courants d'air !*

— *Les articulations ne sont plus ce qu'elles étaient !*

— L'ouverture de Tannhaüser !... du bruit !

— *N'insistez pas ! Tout ce que je peux vous donner, c'est le « la ».*

— C'est le voisin du dessous qui demande comment je me débrouille pour faire du bruit comme 4 !

— Peut-être ! C'est bien possible ! Mais moi, j'ai pas de do sur mon violon !

JACQUES FAIZANT

— Puisqu'on ne retrouve pas mes partitions, je vais vous jouer quelques jolies gammes !

— Tu peux lire ton journal ici, tu ne déranges pas !...

JACQUES FAIZANT

— *La bémol, la bémol, la bémol.*

— Mon goût c'était le clavecin... Mais quand on n'a pas d'oreilles !

— *Décidément ma vue baisse trop ! Il va falloir que je me mette aussi à la flûte !*

TERMITES
JACQUES FAIZANT

— *Encore un antimilitariste, hein ?*

— Oui, vous avez un sens du rythme étonnant, mais...

— Le tort qu'il a, c'est de s'obstiner à jouer la « Pavane pour une Infante défunte » !

JACQUES FAIZANT